AF336951

PROJET

DE

MODIFICATIONS DES STATUTS

DE LA

COMPAGNIE DES THERMES DE PLOMBIÈRES

Ancien texte.	**Nouveau texte.**

ARTICLE PREMIER

Il est formé une Société anonyme entre les propriétaires des actions créées à l'article 5 ci-après.

ARTICLE PREMIER

Il est formé entre toutes les personnes qui sont ou deviendront propriétaires des actions créées par l'article 5 ci-après, une Société anonyme régie par les dispositions suivantes et quant au surplus par les dispositions légales notamment par la loi du 24 Juillet 1867 et celle du 1er août 1893.

ARTICLE 2.

L'objet de cette Société est l'exploitation des Thermes de Plombières, conformément à la loi du 6 juin 1857, au cahier des charges y annexé, et la convention en date du 26 juin 1857, intervenue entre le Ministre de l'Agriculture, du Commerce et des Travaux publics et la Société.

ARTICLE 2.

L'objet de cette Société est l'exploitation des Thermes de Plombières et de leurs annexes, terrains, villas, hôtels, etc., conformément aux clauses et conditions de la concession faite par la loi du 6 juin 1857, au cahier des charges y annexé et à la convention en date du 26 juin 1857 intervenue entre le Ministre de l'Agriculture, du Commerce et des Travaux publics et la Société, ainsi qu'à toutes modifications qui pourraient être apportées par la suite aux dites loi, cahier des charges et convention.

<table>
<tr><td>

Ancien texte.

ARTICLE 3.

La Société existera sous la dénomination de *Compagnie pour l'exploitation des Sources et Etablissements thermaux de Plombières ;* son siège sera en cette ville.

ARTICLE 4.

La Société commencera à partir de la date du décret d'autorisation et finira avec la concession, conformément aux articles 1 et 3 du cahier des charges, annexé à la loi du 6 juin 1857.

ARTICLE 5.

Le fonds social est fixé à la somme de 900,000 francs ; il est divisé en 1800 actions de 500 francs chacune, lesquelles actions ont été souscrites par les personnes ci-après dénommées et dans les proportions suivantes, savoir :

(Suit la liste des Actionnaires).

Chaque action donne droit à une part proportionnelle dans la propriété de l'actif et dans les bénéfices

Les actions seront détachées d'un registre à souche ; elles porteront un numéro d'ordre et seront signées par le Président du Conseil d'administration et d'un administrateur.

Les actions seront nominatives jusqu'à leur entière libération et pendant 10 ans à dater du décret d'autorisation. Passé ce délai, elles pourront être mises au porteur, ou rester nominatives au choix de l'actionnaire.

Les actions nominatives se transmettront conformément aux dispositions de l'article 36 du Code de commerce.

La cession des actions au porteur s'opère par la tradition du titre ;

La cession des actions comprend toujours, relativement à la Société, la cession du capital et celle des dividendes échus et non payés, ainsi que tous les droits à la réserve.

Chaque action est indivisible ; la Société ne reconnaît aucune fraction d'action. Lorsque

</td><td>

Nouveau texte

ARTICLE 3.

Sans changement.

ARTICLE 4

Sans changement.

ARTICLE 5.

Le fonds social est fixé à la somme de 900,000 francs ; il est divisé en 1800 actions de 500 francs chacune, lesquelles actions ont été souscrites par les personnes ci-après dénommées et dans les proportions suivantes, savoir :

(Suit la liste des Actionnaires).

Chaque action donne droit à une part proportionnelle dans la propriété de l'actif et dans les bénéfices.

Les actions seront détachées d'un registre à souche ; elles porteront un numéro d'ordre et seront signées par le Président du Conseil d'administration et d'un administrateur.

Les actions seront nominatives jusqu'à leur entière libération et pendant dix ans à dater du décret d'autorisation. Passé ce délai, elles pourront être mises au porteur, ou rester nominatives au choix de l'actionnaire.

Les actions nominatives se transmettront conformément aux dispositions de l'article 36 du Code de commerce

La cession des actions au porteur s'opère par la tradition du titre ;

La cession des actions comprend toujours, relativement à la Société, la cession du capital et celle des dividendes échus et non payés, ainsi que tous les droits à la réserve.

Chaque action est indivisible ; la Société ne reconnaît aucune fraction d'action. Lorsque

</td></tr>
</table>

<table>
<tr><td>

Ancien texte.

---

pour quelque cause que ce soit, une action est devenue la propriété commune de plusieurs personnes, elles doivent s'entendre entre elles pour désigner un seul titulaire à l'égard de la Société.

Dans le cas de décès ou de faillite d'un actionnaire, ses héritiers, créanciers ou ayant cause doivent se faire représenter par une seule personne pendant l'indivision de l'héritage ou la liquidation de la faillite. Ils ne peuvent faire apposer aucun scellé sur les biens de la Société, exiger aucun inventaire extraordinaire, ni provoquer aucune licitation. Ils seront tenus d'admettre les comptes arrêtés par l'Assemblée générale comme leur auteur aurait été tenu de le faire.

ARTICLE 6.

Le montant des actions sera versé entre les mains du caissier de la Compagnie, le premier quart dans la huitaine du décret d'autorisation et les autres quarts, de six mois en six mois. Les actions ne seront délivrées et ne deviendront négociables qu'après le versement de moitié.

En cas de retard dans le paiement des termes, les sommes restant dues produiront des intérêts à 5 % à partir de l'expiration de la quinzaine de l'échéance.

Tout actionnaire en retard d'effectuer un des versements, sera mis en demeure par une sommation qui lui sera faite au domicile qu'il aura élu en souscrivant

Quinze jours après cet avertissement resté infructueux, la Société a le droit de faire procéder à la vente des actions pour le compte et au risque des actionnaires en retard, sans préjudice de l'action personnelle que la Société peut toujours exercer contre le retardataire.

</td><td>

Nouveau texte.

---

pour quelque cause que ce soit une action est devenue la propriété commune de plusieurs personnes, elles doivent s'entendre entre elles pour désigner un seul titulaire à l'égard de la Société.

Dans le cas de décès ou de faillite d'un actionnaire, ses héritiers, créanciers ou ayant-cause, doivent se faire représenter par une seule personne pendant l'indivision de l'héritage, ou la liquidation de la faillite. Ils ne peuvent faire apposer aucun scellé sur les biens de la Société, exiger aucun inventaire extraordinaire, ni provoquer aucune licitation. Ils seront tenus d'admettre les comptes arrêtés par l'Assemblée générale comme leur auteur aurait été tenu de le faire.

En cas d'augmentation du capital social ci-dessus fixé, les nouvelles actions seront nominatives ou au porteur au choix de l'actionnaire, après leur libération.

ARTICLE 6.

Le montant des actions sera versé entre les mains du caissier de la Compagnie, le premier quart dans la huitaine du décret d'autorisation et les autres quarts, de six mois en six mois. Les actions ne seront délivrées et ne deviendront négociables qu'après le versement de moitié.

En cas de retard dans le paiement des termes, les sommes restant dues produiront des intérêts à 5 % à partir de l'expiration de la quinzaine de l'échéance.

Tout actionnaire en retard d'effectuer un des versements, sera mis en demeure par une sommation qui lui sera faite au domicile qu'il aura élu en souscrivant.

Quinze jours après cet avertissement resté infructueux, la Société a le droit de faire procéder à la vente des actions pour le compte et au risque des actionnaires en retard, sans préjudice de l'action personnelle que la Société peut toujours exercer contre le retardataire.

</td></tr>
</table>

— 3 —

Le prix provenant de la vente, déduction faite des frais, appartient à la Compagnie ; il s'impute dans les termes du droit sur ce qui est dû par l'actionnaire, qui reste passible de la différence s'il y a déficit, mais qui profite de l'excédent, s'il en existe.

ARTICLE 7.

Conformément à l'article 33 du Code de commerce, les actionnaires ne sont engagés que jusqu'à concurrence du capital des actions qu'ils ont souscrites.

ARTICLE 8.

S'il devient nécessaire d'augmenter le capital social, dans les termes et conditions du cahier des charges, il y sera pourvu par décision de l'Assemblée générale des actionnaires, convoquée, constituée et délibérant, comme pour les modifications aux statuts, et avec l'approbation du Gouvernement.

Les nouvelles actions seraient réparties entre les anciens actionnaires qui en feraient la demande au prorata du nombre d'actions dont ils seraient porteurs ; si elles n'étaient pas prises par eux, elles seraient négociées conformément à ce qui serait prescrit par la délibération de l'Assemblée générale. La Société se réserve en outre la faculté d'émettre des obligations ; mais aucune émission d'obligations ne pourra être faite qu'après la libération complète des actions et sur une décision de l'Assemblée générale délibérant comme il est dit ci-dessus.

Toutefois la Compagnie est dès à présent autorisée à faire une première émission d'obligations jusqu'à concurrence de *trois cent mille francs*, sur une décision de l'Assemblée générale qui détermine le taux, la forme et le mode des obligations à émettre.

Le prix provenant de la vente, déduction faite des frais, appartient à la Compagnie ; il s'impute dans les termes du droit sur ce qui est dû par l'actionnaire, qui reste passible de la différence, s'il y a déficit, mais qui profite de l'excédent, s'il en existe.

Les versement des actions qui pourraient être créées par la suite seront indiqués par la résolution de l'Assemblée générale décidant la nouvelle émission.

ARTICLE 7.

Sans changement.

. ARTICLE 8.

S'il devient nécessaire d'augmenter le capital social dans les termes et conditions du cahier des charges, il y sera pourvu par décision de l'Assemblée générale des actionnaires convoquée exfraordinairement avec l'approbation du gouvernement.

Les nouvelles actions seraient réparties entre les anciens actionnaires qui en feraient la demande au prorata du nombre dont ils seraient porteurs : si elles n'étaient pas prises par eux, elles seraient négociées conformément à ce qui serait prescrit par la délibération de l'Assemblée générale.

La Société se réserve en outre la faculté d'émettre des obligations avec l'approbation du gouvernement par une décision de l'Assemblée générale convoquée extraordinairement qui détermine le taux, la forme, le mode et le terme des obligations à émettre.

Ancien texte.

<hr>

ARTICLE 9.

La Compagnie et toutes les affaires de la Société seront gérées et administrées par un Conseil composé de sept personnes élues en Assemblée générale et choisies parmi les Sociétaires porteurs de dix actions au moins Ces actions demeureront inaliénables pendant la durée des fonctions et resteront déposées dans la caisse de la Société.

Quatre de ces administrateurs devront être domiciliés dans le département des Vosges et les autres pourront être choisis parmi les actionnaires demeurant hors de ce département.

Les Administrateurs choisiront le Directeur de la Compagnie ; ils fixeront son traitement et les charges de ses fonctions.

ARTICLE 10.

Les fonctions d'administrateur durent cinq années ; elles sont gratuites.

Le Conseil se renouvellera par voie de tirage au sort pendant les quatre premières années et ensuite par ordre d'ancienneté. Il y aura lieu au remplacement d'un administrateur pendant chacune des trois premières années et de deux pour les deux derniers renouvellements de la période quinquennale.

Les administrateurs sont indéfiniment rééligibles ; ils nomment leur Président et leur Secrétaire dont les fonctions durent une année, mais qui pourront être réélus.

Le Président convoque les membres du Conseil par lettres chargées.

Le Conseil délibère à la majorité des membres présents qui ne pourront être en nombre moindre de quatre ; en cas de partage, la voix du Président est prépondérante.

Si le Président était empêché, le Conseil choisirait un de ses membres pour le suppléer.

Sont nommés provisoirement administrateurs et en attendant l'élection de l'Assemblée géné-

Nouveau texte.

<hr>

ARTICLE 9.

La Compagnie et toutes les affaires de la Société seront gérées et administrées par un Conseil d'administration composé de neuf personnes élues en assemblée générale et choisies parmi les actionnaires porteurs d'au moins cinq actions,

Ces actions seront nominatives, demeureront inaliénables et resteront déposées dans la caisse de la Société pendant la durée des fonctions de leurs titulaires.

Cinq de ces administrateurs devront être domiciliés dans le département des Vosges et les autres pourront être choisis parmi les actionnaires demeurant hors de ce département.

ARTICLE 10.

Les fonctions d'administrateur durent cinq années.

Le renouvellement du Conseil a lieu chaque année par voie d'ancienneté.

Les administrateurs sont indéfiniment rééligibles.

Ils ont droit à des jetons de présence dont la valeur est fixée chaque année par l'Assemblée générale ordinaire.

Chaque année, le Conseil nomme parmi ses membres un Président, un Vice-Président et un Secrétaire qui peuvent toujours être réélus.

Le Secrétaire peut être pris en dehors du Conseil, mais parmi les actionnaires.

Le Conseil d'administration se réunit sur la convocation du Président, ou à son défaut, du Vice-Président, aussi souvent que l'intérêt de la Société l'exige, au lieu désigné dans la convocation.

Le Conseil délibère à la majorité des membres présents qui ne pourront être en nombre moindre de cinq, en cas de partage, la voix du Prési-

rale, qui devra être convoquée à cet effet dans le mois de l'autorisation de la Société :

MM. Félix Robillot, Joseph Parisot, Dominique Haumonté, Ernest Gentilhomme, Charles Demandre, Sébastien-Marie-Auguste Grillot, Victor de Pruines, Isaac Kinsbourg, François-Victor Danis.

ARTICLE 11.

Il pourra être attaché au Conseil d'administration un comité des travaux et du contentieux composé de cinq membres et révocables par le Conseil où ils auront voix consultative.

ARTICLE 12.

Les membres du Conseil d'administration sont nommés par l'Assemblée générale des [actionnaires, à la majorité des voix et au scrutin secret.

dent est prépondérante, nul ne peut y voter par procuration

En cas d'absence simultanée du Président et du Vice-Président, le Conseil désignerait celui des membres présents à la séance devant présider celle-ci.

Les délibérations du Conseil sont constatées par des procès-verbaux inscrits sur un registre spécial et signées par les membres présents à la réunion.

Les copies ou extraits de ces procès-verbaux à produire en justice ou ailleurs sont signés soit par le Président du Conseil, soit par le Vice-Président, soit par un administrateur délégué, soit par deux administrateurs.

Les noms des administrateurs actuels et le tableau du roulement sont les suivants :

MM Ed. Parisot, ancien banquier à Plombières et Rehn, pharmacien à Plombières, *sortants en 1909.*

Victor Pelthier, négociant à Plombières et Paul Zeller, ingénieur civil à Remiremont, *sortants en 1910.*

Aug. Parisot, jeune, ancien notaire à Plombières et Dr Charles, à Remiremont, *sortants en 1911.*

de Pruines, maître de forges à Plombières et Gabriel, direct^r de banque, à Plombières, *sortants en 1912.*

Gérard, notaire honoraire à Remiremont. *rééligible en 1913.*

ARTICLE 11.

Sans changement.

ARTICLE 12.

Les membres du Conseil d'administration sont nommés par l'Assemblée générale des actionnaires, à la majorité des voix et au scrutin secret.

Dans le cas où par suite des vacances surve-
nues dans l'intervalle qui s'écoule entre deux
assemblées générales, le nombre des Administrateurs se trouverait réduit à moins de quatre, le
Conseil pourvoit provisoirement au remplacement de manière à ce qu'il y ait toujours quatre
administrateurs. La plus prochaine Assemblée
générale procède à l'élection définitive. Les
fonctions de l'administrateur ou des administrateurs ainsi nommés ne dureront que pendant
le temps qui restait à courir à leurs prédéces-
seurs.

ARTICLE 13.

Le Conseil d'administration gère toutes les
opérations de la Société ; il en règle le régime
intérieur et extérieur.

Il détermine le nombre, les fonctions et le
traitement des employés ou agents, ainsi que
tous les frais quelconques d'exploitation et d'administration.

La forme provisoire et définitive des actions.

Il ordonne les travaux à faire, les achats de
machines et de matériaux, arrête les devis et
marchés, ordonnance les dépenses et donne les
mandats de paiements.

Il acquiert pour le compte de la Société les
emplacements et localités additionnels qu'il
juge nécessaire, lorsque leur prix d'acquisition
n'excède pas 25,000 francs.

Chaque année il prépare le projet de budget
des dépenses administratives à faire pour l'exercice suivant ; il appelle l'Assemblée générale à
délibérer tant sur ce budget que sur le compte-
rendu de la gestion de l'exercice terminé.

Tous les actes de l'administration ne sont
valables que lorsqu'ils sont signés par deux
administrateurs au moins Le Conseil peut déléguer ses pouvoirs en totalité ou en partie, à un
ou plusieurs de ses membres, par un mandat
spécial, pour des objets déterminés ou pour un
temps limité

Dans le cas où par suite des vacances surve-
nues dans l'intervalle qui s'écoule entre deux
Assemblées générales, le nombre des administrateurs se trouverait réduit à moins de cinq, le
Conseil pourvoit provisoirement au remplacement de manière à ce qu'il y ait toujours cinq
administrateurs. La plus prochaine |Assemblée
générale procède à l'élection définitive. Les
fonctions de l'administrateur ou des administrateurs ainsi nommés ne dureront que pendant
le temps qui restait à courir à leurs prédéces-
seurs.

ARTICLE 13.

Le Conseil d'administration gère toutes les
opérations de la Société, il en règle le régime
intérieur et extérieur.

Il détermine le nombre, les fonctions et le
traitement des employés ou agents, ainsi que
tous les ordres, dispositions et frais quelconques
des divers services d'exploitation et d'administration.

Il arrête la forme provisoire et définitive des
actions et obligations .

Il ordonne les travaux de réparations, appro-
priations, constructions qu'il juge nécessaires,
les achats de machines, de matériel et d'appro-
visionnements, arrête les devis et marchés, effec-
tue les recettes, ordonnance les dépenses et
délivre les mandats de paiement

Il passe tous baux et actes de concession sous
réserves des droits de l'Etat à l'expiration de la
concession thermale.

Il acquiert pour le compte de la Compagnie
les emplacements et locaux additionnels qu'il
considère comme nécessaires lorsque leur prix
d'acquisition n'excède pas 25,000 francs.

Chaque année il prépare le projet de budget
des dépenses et des recettes administratives à
faire pour l'exercice suivant ; il appelle l'Assemblée générale à délibérer tant sur ce budget que
sur le compte-rendu de l'exercice clos.

Ancien texte.

Nouveau texte.

Il peut au moyen des bénéfices et des réserves et avec l'assentiment de l'Assemblée générale, procéder au rachat des actions de la Société qui lui seraient offertes en vue de leur amortissement.

Il convoque les actionnaires en Assemblée générale

Le Conseil peut déléguer les pouvoirs qu'il juge convenable à un ou plusieurs administrateurs pour l'administration courante de la Société et l'exécution des décisions du Conseil d'administration.

Il détermine en ce cas les attributions, pouvoirs et allocations des administrateurs délégués.

Le Conseil peut en outre conférer ses pouvoirs soit à l'un de ses membres, soit à telle personne que bon lui semble, par mandat spécial et pour un ou plusieurs objets déterminés.

Le Conseil peut conférer à un directeur pris en dehors des actionnaires les pouvoirs qu'il juge convenables pour la direction technique et commerciale des affaires de la Société.

Il peut passer avec ce directeur tous traités déterminant la durée et les charges de ses fonctions ainsi que l'importance de son traitement fixe ou proportionnel.

ARTICLE 14.

Les droits de la Compagnie sont exercés devant les tribunaux et auprès des autorités au nom du Conseil d'administration qui décide dans les cas prévus ou imprévus. Les administrateurs ne contractent toutefois aucune obligation personnelle, soit à raison de leur gestion, soit relativement aux engagements de la Société, pour laquelle ils n'agissent que comme mandataires ; mais ils sont responsables envers elle de l'exécution de leur mandat pendant qu'ils sont en exercice.

ARTICLE 14.

Le Conseil d'administration autorise toutes actions judiciaires tant en demandant qu'en défendant. Les droits de la Compagnie sont exercés devant les tribunaux et auprès des autorités au nom du Conseil d'administration par celui ou ceux de ses membres qu'il désigne spécialement à cet effet le cas échéant

Les administrateurs ne contractent toutefois à raison de leur gestion, aucune obligation personnelle ni solidaire relativement aux engagements de la Société ; ils ne sont responsables que de l'exécution du mandat qu'ils ont reçu.

Ancien texte.

ARTICLE 14 *bis*.

(N'existait pas dans le texte primitif).

ARTICLE 15.

Il y aura chaque année dans le courant de février ou de mars, une Assemblée générale des actionnaires, annoncée un mois à l'avance par les journaux des Vosges désignés pour l'insertion des annonces judiciaires, conformément à la loi. Des lettres de convocation seront adressées en outre, à chacun des actionnaires ayant des titres nominatifs,

Pour y avoir entrée et voix délibérative, il faut posséder cinq actions au moins. Les cinq actions compteront pour une seule voix et chaque sociétaire aura autant de voix que de fois cinq actions, sans néanmoins qu'il puisse jouir de plus de quatre voix quel que soit le nombre d'actions qu'il possède ou qu'il représente.

Les porteurs d'actions non nominatives devront les déposer un mois à l'avance au Conseil d'administration.

Nouveau texte.

ARTICLE 14 *bis*.

L'Assemblé générale ordinaire nomme chaque année un ou plusieurs commissaires actionnaires ou non, chargés de faire un rapport à l'Assemblée générale ordinaire de l'année suivante, sur les comptes et sur la situation active et passive de la Compagnie, présentés par le Conseil d'administration, qui doivent être mis à leur disposition 30 jours au moins avant la date de l'Assemblée générale.

Ils ont droit à une rémunération dont l'Importance est fixée par l'Assemblée générale.

ARTICLE 15.

Il y aura chaque année, dans le courant de février ou de mars, une Assemblée générale ordinaire des actionnaires qui se tiendra aux jours, heure et lieu désignés par le Conseil d'administration dans l'avis de convocation.

Des Assemblées générales extraordinaires peuvent être convoquées par le Conseil d'administration.

Les Assemblées générales ordinaires ou extraordinaires seront annoncées quinze jours à l'avance par deux journaux du département

Des convocation à ces assembles seront adressées individuellement à chacun des titulaires d'actions 15 jours à l'avance ; elles indiqueront l'ordre du jour de la réunion arrêté par le Conseil d'administration.

Il ne peut être mis en délibération dans les assemblées que les propositions émanant du Conseil ou celles qui lui auraient été soumises plus de quinze jours avant l'Assemblée par un nombre d'actionnaires représentant au moins le quart du capital social.

L'Assemblée générale régulièrement convoquée représente l'universalité des actionnaires, elle se compose de tous ceux-ci.

Tout actionnaire peut se faire représenter aux Assemblées générales par un mandataire qui doit lui-même être actionnaire. La femme mariée y est régulièrement représentée par son mari, les mineurs par leurs parents ou tuteurs.

Les voix se comptent non par tête, mais suivant le nombre des actions, à raison d'une voix par action.

Toutefois aucun actionnaire ne peut, quel que soit le nombre des actions qui lui appartiennent, avoir pour son compte personnel plus de quarante voix, ni plus de quarante voix en qualité de mandataire d'autres actionnaires

Les porteurs d'actions nominatives devront les déposer dix jours avant la date de l'Assemblée au Conseil d'administration.

Aucun transfert d'action ne pourra être effectué avant l'Assemblée générale passé ce même délai.

ARTICLE 16.

Tout actionnaire a le droit de se faire représenter aux Assemblées générales, mais seulement par un fondé de pouvoir choisi parmi les Sociétaires ayant droit d'y assister.

L'Assemblée générale peut être convoquée extraordinairement par le Conseil d'administration. Elle est en tous cas présidée par l'un des membres du Conseil d'administration désigné par ce Conseil qui nomme le secrétaire.

Les procès-verbaux de l'Assemblée sont signés par le Président et le Secrétaire; il sont inscrits sur un registre spécial coté et paraphé par l'un des membres dudit Conseil.

ARTICLE 16.

L'Assemblé générale est présidée par le Président ou le Vice-Président du Conseil d'administration et à leur défaut par le membre que le Conseil d'administration aura désigné à cet effet.

Les fonctions de scrutateurs sont remplies par les deux plus forts actionnaires présents et sur leur refus par ceux qui viennent après jusqu'à acceptation.

Le bureau désigne le secrétaire

Il est tenu une feuille de présence contenant les noms et domiciles des actionnaires présents et représentés et le nombre des actions possédées par chacun d'eux. Cette feuille est certifiée par le bureau.

Les délibérations sont prises à la majorité absolue des voix, en cas de partage, celle du Président est prépondérante.

Les délibérations de l'Assemblée générale sont constatées par des procès-verbaux inscrits sur un registre spécial et signés par les membres du bureau.

Les copies ou extraits de ces procès-verbaux à produire en justice ou ailleurs sont signés par le Président du Conseil ou par au moins deux administrateurs.

<table>
<tr><td>

ARTICLE 17.

Pour que les délibérations de l'Assemblée soient valables, les membres présents doivent représenter la moitié au moins des actions émises

Dans le cas contraire, l'Assemblée est de nouveau convoquée dans la forme et les délais prévus par l'article 15. Cette nouvelle Assemblée ne peut délibérer que sur les objets mis à l'ordre du jour de la première, mais ses décisions sont valables quel que soit le nombre des membres présents et celui des actions représentées par eux.

Toutefois, lorsqu'il s'agira d'augmentation du capital social ou de toute modification aux statuts, les décisions de l'Assemblée générale devront être prises dans une réunion représentant au moins les deux tiers des actions émises, par une majorité dépassant la moitié desdites actions Dans ces mêmes cas, les décisions de l'Assemblée ne deviendront exécutoires qu'après avoir obtenu l'approbation du Gouvernement

ARTICLE 18.

Il est fait chaque année un inventaire général de l'actif et du passif de la Société.

Cet inventaire servira de base au compte annuel qui sera soumis par le Conseil d'administration à l'Assemblée générale des actionnaires et d'où il ressortira le résultat des opérations sociales.

</td><td>

ARTICLE 17.

Pour délibérer valablement, l'Assemblé générale ordinaire ou extraordinaire doit être composée d'un nombre d'actionnaires représentant le quart au moins du capital social, déduction faite des actions qui auraient été rachetées par la Compagnie elle-même pour l'amortissement.

Si l'Assemblée ne réunit pas cette condition, une nouvelle Assemblée est convoqué dans la forme et les délais prévus par l'article 15. Cette nouvelle Assemblée ne peut délibérer que sur les objets mis à l'ordre du jour de la première, mais ses décisions sont valables quel que soit le nombre des membres présents et celui des actions représentées par eux.

Toutefois quand il s'agira d'augmentation ou de réduction du capital social, d'émission d'obligations, de modifications aux statuts, de fusion avec une autre société, les décisions de l'Assemblée générale extraordinaire devront être prises dans une réunion représentant au moins la moitié du capital social, déduction faite des actions rachetées par la Compagnie pour l'amortissement, et par une majorité représentant le tiers de ce même capital.

Dans ces mêmes cas, les décisions de l'Assemblée ne deviendront exécutoires qu'après avoir obtenu l'approbation du gouvernement

ARTICLE 18.

L'Assemblée générale annuelle entend le rapport du Conseil d'administration sur les affaires sociales : Elle entend également le rapport des commissaires sur les comptes présentés par les administrateurs accompagnés d'une situation active et passive de la Société à la clôture du dernier exercice, dont tout actionnaire a le droit de prendre connaissance et faire prendre copie, que du rapport des commissaires, 15 jours avant cette date.

Elle discute, approuve ou redresse s'il y a lieu ces

</td></tr>
</table>

Ancien texte.

ARTICLE 19.

Les bénéfices se composent des recettes, déduction faite de toutes les dépenses d'administration, d'entretien, d'exploitation et généralement de toutes les charges sociales.

Sur ces bénéfices nets on prélèvera :

1° La somme nécessaire pour constituer un fonds d'amortissement et calculée de cette sorte que les actions de la Société soient complètement amorties un an au moins avant le terme de la concession, à raison de 500 francs par action.

2° Celle qu'il faudra pour servir un intérêt de 5 0/0 soit 25 fr. à chacune des actions amorties et non amorties, l'intérêt afférent aux actions amorties devant être versé au fonds d'amortissement, afin de compléter la somme nécessaire pour rembourser la totalité des actions, comme il est dit ci-dessus.

3° Une somme à fixer chaque année par l'Assemblée générale et qui ne pourra être inférieure à 5 0/0 des produits nets, après les deux prélèvements ci-dessus, à l'effet de former le fonds de réserve

Le surplus sera réparti à titre de dividende entre toutes les actions amorties ou non amorties, la portion afférente aux actions amorties devant revenir aux porteurs des titres délivrés en échange de ces actions.

Nouveau texte.

comptes, ainsi que le projet de budget qui lui est fourni par le Conseil d'administration conformément à l'article 13.

Elle fixe les dividendes à répartir, nomme les Administrateurs en remplacement de ceux dont les fonctions sont expirées ou qu'il y a lieu de nommer par suite de démission ou autre cause.

Elle détermine les jetons de présence des administrateurs.

Elle désigne les commissaires des comptes, fixe leurs émoluments

Elle statue sur toutes les propositions portées à l'ordre du jour et confère au Conseil les autorisations nécessaires pour les cas où les pouvoirs à lui attribués seraient insuffisants.

ARTICLE 19.

L'année sociale commence le 1er Janvier et finit le 31 Décembre.

Les produits nets annuels, déduction faite de toutes les charges, y compris la redevance annuelle à l'Etat et la somme nécessaire pour faire face aux nécessités du tableau d'amortissement du capital-actions pour que celui-ci soit complètement amorti à raison de 500 fr. par action un an avant le terme de la concession, constituent les bénéfices.

Sur ces bénéfices. il sera prélevé :

1° 5 0/0 pour la constitution de la reserve légale.

2° La somme suffisante pour servir un intérêt de 5 0/0 soit 25 francs à chacune des actions non amorties en circulation.

Le surplus sera réparti à titre de dividende entre toutes les actions amorties et non amorties, la portion afférente aux actions amorties devant revenir aux porteurs des titres délivrés en échange de ces actions.

Ancien texte.

ARTICLE 20.

Le maximum de la réserve est fixé à soixante mille francs. Quand ce maximum sera atteint, le prélèvement destiné à la réserve sera suspendu; il reprendrait son cours si ce fonds venait à être entamé.

ARTICLE 21.

Le fonds d'amortissement se composera :

1° du prélèvement annuel stipulé à l'article 19;

2° de l'intérêt des sommes versées au fonds d'amortissement ;

3° de la portion d'intérêt afférente aux actions amorties

S'l arrivait que dans le cours d'une ou plusieurs années les produits nets de l'exploitation fussent insuffisants pour assurer le remboursement du nombre d'actions à amortir, la somme nécessaire pour compléter le fonds d'amortissement serait prélevée sur le produit net des années suivantes, avant toute distribution de dividende aux actionnaires.

ARTICLE 22

La désignation des actions à amortir aura lieu au moyen d'un tirage au sort qui se fera publiquement à Plombières, chaqne année, à l'époque et dans la forme indiquées par le Conseil d'administration.

Les numéros des actions désignées par le sort pour être remboursées seront publiés dans les journaux indiqués à l'article 15.

Les propriétaires des actions ainsi sorties percevront en numéraire le capital de leurs actions et les dividendes jusqu'au jour du remboursement ; ils recevront en outre, en échange des titres primitifs, de nouveau titres, ayant les mêmes numéros que ceux remboursés, qui ne donneront plus droit qu'à la part proportionnelle des bénéfices mentionnés à l'article 19.

Ces actions conservent, pour les attributions

Nouveau texte.

ARTICLE 20.

Sans changement.

ARTICLE 21.

S'il arrivait que dans le cours d'une ou plusieurs années les produits nets de l'exploitation fussent insuffisants pour assurer le remboursement du nombre d'actions à amortir et que la réserve d'actions rachetées par la Compagnie en vue de l'amortissement ne puisse y faire face, la 'somme nécessaire pour rattraper le retard sur le tableau d'amortissement serait prélevée sur les produits nets des anuées suivantes avant toute distribution de dividende aux actionnaires.

ARTICLE 22.

Sans changement.

relatives à l'administration et pour le vote aux Assemblées, les mêmes droits que les actions non amorties.

ARTICLE 23.

Les intérêts et dividendes seront payés tous les ans au siège de la Société et aux époques fixées par le Conseil d'administration. Ce payement sera publiquement annoncé par un avis inséré dans les journaux désignés pour les annonces légales dans le département des Vosges.

ARTICLE 24.

Les intérêts et dividendes qui n'auront pas été réclamés dans le délai de cinq ans seront prescrits conformément à l'article 2277 du Code Napoléon.

ARTICLE 25.

Lors de la dissolution de la Société, à quelque époque et pour quelque cause qu'elle advienne, le Conseil d'administration convoque immédiatement l'Assemblée générale, qui détermine le mode de liquidation à suivre et nomme, s'il y a lieu. les liquidateurs.

ARTICLE 26.

Tout actionnaire devra faire élection de domicile à Plombières ou à Remiremont et toutes assignations et notifications seront valablement données à ce domicile, sans égard à la distance du domicile réel A défaut d'élection de domicile, cette élection aura lieu de plein droit, pour les notifications judiciaires, au Parquet de M. le Procureur impérial près le Tribunal de première instance de Remiremont.

ARTICLE 23.

Les intérêts et dividendes seront payés tous les ans au siège de la Société et aux époques fixées par le Conseil d'administration.

ARTICLE 24.

Les intérêts et dividendes qui n'auront pas été réclamés dans le délai de 5 ans seront acquis au profit de la Cempagnie.

ARTICLE 25.

Sans changement

ARTICLE 26.

Tout actionnaire devra faire élection de domicile à Plombières ou à Remiremont et toutes assignations et notifications seront valablement données à ce domicile, sans égard à la distance du domicile réel. A défaut d'élections de domicile, cette élection aura lieu de plein droit, pour les notifications judiciaires, au parquet de M. le Procureur de la République près le Tribunal de première instance de Remiremont.